Tribus indígenas norteamericanas

Marie Patterson, M.S. Ed.

Tabla de contenido

Los indígenas norteamericanos 3

Las tribus del Noreste
    Las tribus del bosque 4–5
    La vida en el Noreste 6–7

Las tribus del Sureste
    Los clanes del Sureste. 8–9
    La vida en un *chickee* 10–11

Las tribus de las Llanuras
    Los grupos de las Llanuras 12–13
    Cazadores de bisontes 14–15

Las tribus del Suroeste
    Los habitantes del desierto 16–17
    Los indígenas pueblo 18–19

Las tribus del Noroeste
    Los talladores de tótems 20–21
    La vida en la casa grande 22–23

Glosario 24

Índice 25

Los indígenas norteamericanos

Las tribus indígenas de América del Norte eran muy diferentes en cuanto a su cultura. Sin embargo, todas daban prioridad a la familia, el alimento y la vivienda.

En este libro, descubrirás los secretos de los indígenas del Sureste. Aprenderás sobre la Fiesta de los Muertos. ¡Y hasta desearás que te toque tallar la parte de abajo del tótem! Intenta sentirte parte de cada tribu durante este recorrido por la historia de los indígenas norteamericanos.

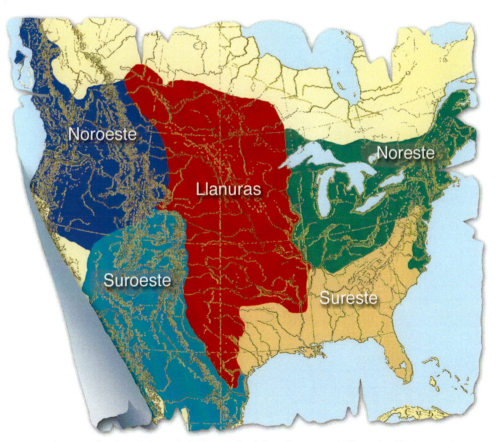

regiones de América del Norte habitadas por tribus indígenas ▲

Las tribus del bosque

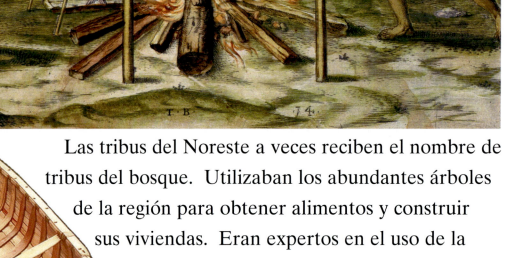

Las tribus del Noreste a veces reciben el nombre de tribus del bosque. Utilizaban los abundantes árboles de la región para obtener alimentos y construir sus viviendas. Eran expertos en el uso de la madera y la corteza. Fabricaban cestas, canoas, herramientas, vasijas y platos de madera.

Los indígenas del Noreste creían que era importante devolverle algo a la naturaleza. Después de comer plantas o animales, le ofrecían una oración o un **sacrificio** a la tierra. Decían: "La tierra nos da lo que necesitamos para sobrevivir. A cambio, debemos respetar a la naturaleza".

Una de esas tribus, los hurones, hacía una ceremonia especial para recordar a quienes habían muerto. Se llamaba la Fiesta de los Muertos. Consistía en bailes y banquetes en honor a los espíritus de los difuntos. A veces, la ceremonia duraba toda la noche y continuaba hasta el día siguiente.

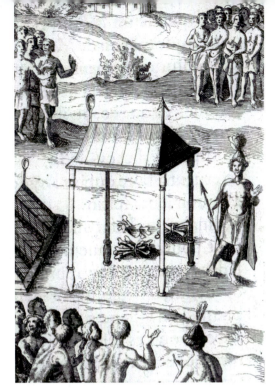

▲ ceremonia de entierro de una tribu del Noreste

Los wampanoags

La tribu wampanoag ayudó a los peregrinos y les dio alimentos para que sobrevivieran al primer invierno. Además, les enseñaron a cultivar las nuevas tierras.

El arte de la historia

Los indígenas del Noreste registraban los sucesos más importantes en **pictografías**. Dibujaban en rollos de corteza de abedul usando huesos afilados.

▲ pictografía realizada en corteza de abedul

La vida en el Noreste

Los indígenas del Noreste vivían en poblados rodeados de altas **empalizadas**, o murallas. La mayoría de sus construcciones eran *wigwams* con espacio para una sola familia. Se trataba de viviendas circulares con un orificio en la parte de arriba para que saliera el humo.

Algunas tribus vivían en **casas largas** construidas con corteza y postes de madera. Esas construcciones eran alargadas, con techo redondeado. En cada casa vivían varias familias.

Muchos de los grupos del Noreste eran agricultores. Cultivaban tabaco, calabaza y ñame, pero el cultivo más importante era el maíz.

Utilizaban todas las partes del maíz. Las mujeres asaban, guisaban, hervían y machacaban los granos.

▼ poblado algonquino con empalizadas y casas largas

A veces molían el maíz y lo convertían en harina para hacer pan. También usaban las hojas de la **mazorca** en las ceremonias, y para hacer artesanías, colchones, almohadas y calzado.

Montículos funerarios

En los primeros tiempos, los indígenas del Noreste enterraban a sus muertos bajo grandes montículos de tierra. En ocasiones, la tribu construía muchos montículos, uno al lado del otro. Abajo se ve el Gran Montículo de la Serpiente, que se encuentra en Ohio. Los distintos montículos forman la figura de una enorme serpiente.

▲ poblado indígena con *wigwams* de corteza de abedul

Con la piel curtida

Las mujeres se encargaban de curtir las pieles de venado para ablandarlas. La ropa y el calzado se elaboraban con pieles curtidas. Las madres les enseñaban a sus hijas a curtir las pieles y a preparar la carne de venado para las comidas.

Los clanes del Sureste

La familia era muy importante para las tribus del Sureste. Cada **clan**, es decir, cada grupo de familiares, estaba formado por todas las personas del lado de la madre. Cada familia tenía un conjunto de creencias que se transmitían a través de las distintas **generaciones**. A los hijos se les decía con quién iban a casarse, dónde iban a vivir y quiénes eran sus enemigos.

Estas tribus eran **matrilineales**. Cuando una pareja se casaba, se iba a vivir con la familia de la mujer. Las mujeres ocupaban puestos de honor en las tribus. Aunque las mujeres eran muy respetadas, los hombres tomaban las decisiones más importantes.

Los indígenas del Sureste creían que todos los elementos de la naturaleza tenían espíritu. Para demostrarles respeto, realizaban ceremonias. En cada tribu, estas celebraciones eran dirigidas por un **curandero** o por un sacerdote.

Mujeres seminolas preparan jarabe de caña.

Ceremonia del Maíz Verde

Todos los años, cuando maduraban los primeros granos de maíz, algunas tribus del Sureste realizaban una celebración. Primero ayunaban para limpiar el cuerpo y el espíritu. Luego, había festines y juegos.

Lucha con caimanes

La lucha con caimanes es una tradición seminola. Era un deporte popular. Los seminolas también se alimentaban de caimanes. Este tipo de lucha sigue practicándose en Florida hoy en día.

La vida en un *chickee*

Algunas tribus del Sureste vivían en chozas llamadas ***chickees***. Eran casas elevadas del suelo, con estructura de madera. Estaban abiertas por los cuatro costados para dejar correr la brisa. Esto les ayudaba a los indígenas a mantenerse frescos durante los calurosos y húmedos meses de verano.

Otras tribus vivían en casas hechas con troncos. Estas construcciones ayudaban a conservar el calor en el invierno.

Los distintos miembros de la tribu se encargaban de

▲ seminolas delante de sus *chickees*

Cuando el dios ruge

Algunos indígenas, como los cheroquis, creían que el sonido del trueno era la voz de un dios que estaba en el cielo.

tareas específicas. Las mujeres cuidaban los huertos. También fabricaban cestas, objetos de cerámica y joyas de plata. Los hombres cazaban venados, osos y conejos. Criaban ganado y caballos. Eran expertos en fabricar armas, herramientas y pipas de madera. Asimismo, construían canoas con troncos de árboles. Los niños aprendían a pescar con **cañales**, unas trampas que colocaban bajo el agua.

▲ poblado indígena del Sureste, en Carolina del Norte

El origen del *lacrosse*

Entre las tribus del Sureste, el *lacrosse* era un juego muy popular. En algunos aspectos, era similar al deporte actual. Sin embargo, cada equipo tenía 100 jugadores, y el juego podía ser muy violento. Los jugadores se lesionaban a menudo, y algunos incluso morían durante los partidos.

Los grupos de las Llanuras

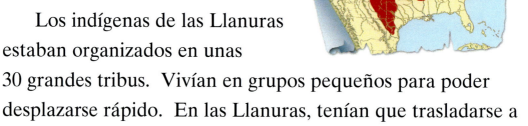

Los indígenas de las Llanuras estaban organizados en unas 30 grandes tribus. Vivían en grupos pequeños para poder desplazarse rápido. En las Llanuras, tenían que trasladarse a menudo para escapar de sus enemigos y conseguir alimentos.

Estas tribus creían que toda la familia debía encargarse de criar a los niños. Esto significaba que madres y padres, abuelas y abuelos, y tías y tíos ayudaban en la crianza. Las familias solían adoptar a los niños que quedaban huérfanos.

▼ ceremonia de la Danza del Perro de una tribu de las Llanuras

La música y la danza eran parte importante de las ceremonias de las tribus de las Llanuras. Para los siux, la Danza del Sol era una manera de dar gracias a quien ellos llamaban el Creador. Los siux creían que esta celebración les traería cosas buenas. Esperaban recibir fuerzas y sanación durante la ceremonia.

Un manto de amor

Era muy común que los padres les indicaran a sus hijos con quién debían casarse. Sin embargo, un joven podía tratar de decirles a sus padres con quién quería casarse. Si un hombre envolvía con su manto a una joven, eso significaba que la amaba.

Perros entrenados

Las tribus de las Llanuras utilizaban perros para llevar sus provisiones cuando se mudaban de un lugar a otro. Colocaban sus pertenencias en unos armazones que sujetaban con correas al cuerpo del perro.

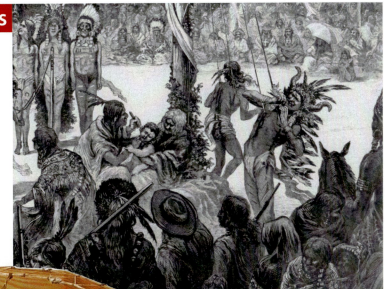

ceremonia siux de la Danza del Sol ▲

Cazadores de bisontes

Las tribus de las Llanuras vivían en casas de paja y hierba, **cobertizos de tierra** o **tipis**. Los tipis eran muy populares porque se podían empacar de forma rápida y sencilla para trasladarlos a otro lugar.

Los hombres cazaban bisontes y entrenaban a los caballos

casa de paja y hierba de los wichitas

tipi de los dakotas

cobertizo de tierra de los mandanes

Sauna indígena

Las cabañas de sudor se construían cubriendo postes con pieles de bisonte. Adentro, los hombres vertían agua sobre piedras calientes para producir vapor. Los indígenas creían que las cabañas de sudor purificaban el cuerpo y el alma.

estructura de una cabaña de sudor ▶

de la tribu. Protegían a su gente, fabricaban armas y, si era necesario, iban a la guerra. Las mujeres de las Llanuras recolectaban alimentos y los cocinaban. También secaban las pieles de bisonte. Vigilaban a los niños y supervisaban sus tareas cotidianas. Además, a las mujeres de las tribus les gustaba hacer artesanías, como collares de cuentas.

> ### Estiércol de bisonte
> Los indígenas de las Llanuras utilizaban todas las partes del bisonte, desde los cuernos hasta la cola. Incluso utilizaban el **estiércol**, ya que se quemaba fácilmente y era un buen combustible para sus hogueras.

Estos grupos sobrevivían gracias a los miles de bisontes que había en las Llanuras. En la tribu, todos ayudaban a construir objetos con las partes de estos enormes animales. Con las pieles, fabricaban mantas y cubiertas para los tipis. Con los huesos, hacían herramientas, vasijas y escudos. Hasta los niños ayudaban rellenando sus muñecos con pelos de bisonte.

15

Los habitantes del desierto

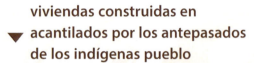

Los indígenas pueblo vivían en el Suroeste. Para ellos, era importante respetar el mundo espiritual. También creían que la tierra era **sagrada**. Conocían seis puntos cardinales: norte, sur, este, oeste, arriba y abajo. Eso incluía a toda la naturaleza y el mundo espiritual.

viviendas construidas en acantilados por los antepasados de los indígenas pueblo

El rodete "flor de calabaza"

Las jóvenes de la tribu hopi llevaban el cabello recogido en rodetes con forma de flor de calabaza. Se enrollaban el cabello alrededor de una varilla de sauce doblada. La varilla se colocaba en forma de ocho sobre las orejas. En la actualidad, este peinado solo se usa en las ceremonias.

En las tribus pueblo, todos los hombres pertenecían a una asociación o grupo religioso. Celebraban **rituales** secretos en una **kiva**, o habitación subterránea. Las mujeres y los niños no podían entrar en las kivas. Como las tribus eran matrilineales, esta costumbre les daba cierto poder a los hombres y así equilibraba el poder de las mujeres.

Los kachinas

Un kachina era un mensajero entre la tribu zuni y sus dioses. Durante las danzas y las ceremonias, se regalaban muñecos en forma de kachina a los niños, las niñas y las mujeres. Esos obsequios se trataban con respeto y se colgaban en lugares de honor.

▲ En las ruinas de esta kiva faltan el techo duro de tierra y el pequeño agujero de la escalera.

17

Los indígenas pueblo

En el Suroeste, las viviendas de los indígenas pueblo se llamaban **pueblos**, igual que la tribu. Se construían con arcilla, arenisca y materiales naturales. Las tribus que vivían junto a los ríos utilizaban arcilla de río, llamada **adobe**, para construir sus casas.

Las viviendas de los indígenas pueblo eran permanentes porque estas tribus no se desplazaban para recolectar alimentos o para cazar como lo hacían las tribus de las Llanuras. Cultivaban maíz, calabaza y frijoles en campos grandes. También sembraban chiles, frijoles y algodón en huertos pequeños cerca de sus casas.

▲ pueblos de adobe

Cuando el río corre

El agua era un recurso natural importante para las tribus. Las que vivían cerca de los ríos usaban el agua para satisfacer sus necesidades cotidianas. Las tribus que vivían lejos de los ríos construían canales para llevar el agua hacia sus cultivos.

▼ campo de maíz y frijoles de la tribu navajo

Los hombres y los niños trabajaban en los campos. Las mujeres y las niñas preparaban la comida, que incluía moler el maíz y hornear el pan. Las madres también les enseñaban a sus hijas a tejer y a hacer objetos de cerámica.

tejedora de la tribu navajo

Cuando la arcilla habla

Las tribus del Suroeste aún siguen creando hermosas piezas de cerámica. Si los niños encuentran un fragmento de una vasija en la arena, saben que deben respetarlo. Tratan de escuchar su voz porque es posible que el fragmento les hable.

vasija creada por la tribu zuni

Los talladores de tótems

Las tribus del Noroeste son famosas por los tótems que construían. Los tótems contaban la historia de las familias y mostraban su importancia social dentro de la tribu. En los tótems, se tallaban aves, otros animales o espíritus. Lo mejor era que te tocara tallar la parte de abajo. A menudo, se escogía al mejor artista para que tallara esa parte porque era la que más se veía.

▼ tótem con forma de ballena colocado sobre una tumba

◀ diferentes tipos de tótems en el Noroeste

▼ cesta tejida por la tribu apache

Expertas en cestería

Las mujeres de las tribus del Noroeste eran expertas en cestería. Tejían cestas tan compactas que podían retener el agua. Fabricaban cestas en espiral, cestas de mano y cestas para pescar almejas. También confeccionaban esterillas tejidas y cajas de madera.

Estas tribus creían que la naturaleza era un lugar espiritual. Realizaban ceremonias para demostrar respeto por los alimentos y el clima. En la Ceremonia de los Primeros Alimentos, le agradecían al Creador por las cosechas. Después de esta ceremonia, que era al inicio de la primavera, las tribus podían salir a recolectar alimentos y a cazar.

¡Llegó la fiesta!

Las familias indígenas del Noroeste organizaban fiestas llamadas *potlatch* como forma de demostrar su importancia para la tribu. Todos los invitados recibían el mismo regalo de los anfitriones. Los regalos podían ser desde pulseras hasta canoas. Algunas familias dedicaban años a planear su *potlatch*.

▼ un *potlatch* en Alaska

▲ Mujeres indígenas limpian una ballena blanca.

La vida en la casa grande

Los indígenas del Noroeste vivían en casas largas construidas con troncos de cedro rojo. Estas viviendas llegaban a medir 60 pies por 150 pies (18 metros por 45 metros). En cada casa vivían varias familias. Unas esterillas especialmente decoradas indicaban cuál era el espacio de cada familia. Estas casas estaban pintadas y decoradas en la parte exterior. Como en el Noroeste llueve mucho, las construcciones se diseñaban con cuidado para que no entrara el agua.

Los hombres se levantaban temprano para cazar y pescar. A los niños se les enseñaba a usar trampas, garrotes y flechas. Las mujeres limpiaban, secaban y cocinaban la carne y el pescado.

¡Hola, ballena!

Los indígenas del Noroeste le hablaban a la ballena para demostrarle su respeto antes de clavarle sus arpones. Más tarde, la aldea entera honraba al animal con cantos y danzas. Creían que la ballena se dejaba morir para beneficiarlos.

▲ Esta enorme ballena le proporcionó muchos recursos a la tribu.

Después de matar una ballena con sus **arpones**, los indígenas utilizaban cada una de sus partes. Todo, desde los huesos hasta la grasa, era importante para la tribu.

La vida ha cambiado en las comunidades indígenas a lo largo de los años. Pero honrar a la familia sigue siendo un valor fundamental. Muchas tribus han conservado sus ceremonias para seguir recordando y honrando las tradiciones de sus ancestros.

Glosario

adobe: un tipo de arcilla que usaban los indígenas del Suroeste para construir sus viviendas

arpones: instrumentos de caza formados por un asta de madera con punta de hierro

ayunaban: no comían

canales: conductos naturales o artificiales que hacen que el agua fluya en cierta dirección

cañales: cercos de junco o de madera que sirven para atrapar peces

casas largas: casas con techo en forma de barril que alojaban a muchas familias

chickees: viviendas hechas con hojas de palmeras, abiertas en los lados para que corra la brisa

clan: un grupo formado por parientes o miembros de una misma familia

cobertizos de tierra: viviendas amplias y redondeadas, hechas con postes y tierra compactada

curandero: un miembro importante de la tribu, que estudiaba las plantas medicinales y que podía dirigir las ceremonias

curtir: remojar, secar y ablandar la piel de un animal para convertirla en cuero

empalizadas: vallas de gran altura que rodeaban los poblados

estiércol: el excremento del bisonte o de cualquier animal

fragmento: un pedazo de algo, como una vasija de cerámica

generaciones: los miembros de una misma familia a lo largo del tiempo

kiva: una habitación bajo tierra en la que las tribus del Suroeste realizaban reuniones secretas

matrilineales: que siguen la línea familiar de la madre

mazorca: el fruto del maíz

pictografías: escrituras o dibujos realizados sobre corteza de árbol o sobre rocas

potlatch: una fiesta en la que los anfitriones entregan regalos a los invitados

pueblos: viviendas de arcilla, arenisca y otros materiales naturales que construían las tribus del Suroeste

rituales: costumbres o ceremonias

sacrificio: algo preciado que se ofrece a un dios

sagrada: que debe respetarse y honrarse por estar relacionada con los dioses

tipis: viviendas construidas con vigas de madera y pieles de animales

wigwams: viviendas circulares construidas con pieles de animales, corteza y esteras vegetales